AF224783

SOUVENIRS ANECDOTIQUES

DU

BLOCUS DU CAIRE

(DU 7 JUILLET AU 15 SEPTEMBRE 1882)

PAR

Camille MOLL

LE CAIRE
Imprimerie Française MOURÈS & Cie.

1882

SOUVENIRS ANECDOTIQUES

DU

BLOCUS DU CAIRE

SOUVENIRS ANECDOTIQUES

DU

BLOCUS DU CAIRE

(DU 7 JUILLET AU 15 SEPTEMBRE 1882)

PAR

Camille MOLL

LE CAIRE

Imprimerie Française MOURÈS & Cie.

—

1882

Ces *Souvenirs* ont paru d'abord en articles, dans l'*Économista* du Caire, sous le titre de *Bruits-courants rétrospectifs*.

Après les avoir lus en détail, plusieurs de mes compagnons de blocus m'ont demandé de les réunir dans une plaquette qui, dans leurs vieux jours, leur rappellerait cette campagne mémorable.

En me rendant à leur désir, je ne puis moins faire que de retoucher un peu ce petit travail, et, pour employer la formule consacrée, d'en offrir à mes lecteurs anciens et nouveaux une édition *revue, corrigée et considérablement augmentée...*

C. M.

SOUVENIRS ANECDOTIQUES

DU

BLOCUS DU CAIRE

I

Les gens les plus courageux ne sont pas toujours
ceux qu'on pense.

Ainsi je suis tout confus des compliments dont je me
vois bombardé par l'avant-garde des revenants de
l'émigration, pour avoir eu le *courage* de rester au
Caire pendant les *événements* et de ne pas m'être
laissé entraîner par le torrent des fuyards.

— Eh non, mes amis, ce n'est pas moi qui ai fait
preuve de courage, c'est au contraire, vous tous,
qui n'avez pas craint de braver la chaleur, la fatigue,

la faim, la soif, la malpropreté, pour abandonner votre intérieur confortable; qui vous êtes laissés entasser, comme du bétail qu'on mène en foire, dans des wagons, des chalands, des bateaux qui partaient quand ils pouvaient et qui arrivaient quand ils pouvaient; qui vous êtes laissés rançonner pour le vivre et le couvert par des hôteliers sans vergogne, ou qui avez couché et brouté à la belle étoile, sans avoir, le plus souvent, du linge de rechange, et qui nous revenez, le teint hâlé, comme des paysans qui ont peiné à la fenaison et à la moisson.

Oui, c'est vous, les hommes véritablement courageux, et c'est moi, casanier, et mes pareils, qui avons été les poltrons et les sybarites. Que nous a-t-il manqué? Nous nous sommes levés à notre heure, nous avons déjeuné à notre heure, nous avons fait la sieste à notre heure, nous avons dîné à notre heure, nous nous sommes couchés à notre heure, libres de tout souci, les *affaires* ayant fait relâche sur toute la ligne. Le bazar était pourvu de toutes les choses nécessaires à l'existence; on mangeait au frais chez Gazarola, sous les arcades de la Bourse; on buvait à la glace, à la Buvette française, et la Brasserie Française nous versait à foison ses produits les plus savoureux et les plus mousseux.

Pour comble de bonheur, plus de juges, plus d'avocats; partant, plus de procès ni de condamnations ; plus d'huissiers, plus de recors ; partant, plus de protêts ni d'exécutions. Les propriétaires eux-mêmes avaient désarmé, et le loyer, cette plaie sociale, était rayé du budget des pauvres locataires.

On était, il est vrai, privé de toutes nouvelles de l'Europe, aussi bien que de l'intérieur : pas de télégrammes, mais aussi pas de canards ; pas de journaux, mais aussi pas de tartines assommantes ; pas de lettres, mais aussi pas d'obsessions de créanciers. Qu'on mette dans la balance les inconvénients et les avantages de cette situation, et le plateau des avantages l'emportera assurément.

Si c'est là la vie de siége, de blocus, c'est à reprendre le mot du bon La Fontaine qui, en entendant plaindre le sort des damnés au milieu du feu de l'enfer, dit : «Je me flatte qu'ils s'y accoutument, et qu'à la fin ils sont là comme le poisson dans l'eau.»

En vérité, nous nous y sommes accoutumés, sans prétendre pour cela à une couronne civique.

J'ai dit «l'avant-garde des revenants de l'émigration». Je voulais parler des émigrants qui n'avaient pas quitté le sol de l'Egypte, et qu'Ismaïlia et Port-Saïd nous ont renvoyés, en attendant que l'Europe en fasse autant.

Lorsque M. de Lesseps toucha de sa baguette magique le désert de Suez, pour en faire une province égyptienne, il ne se doutait sans doute pas qu'elle deviendrait un jour le refuge de presque toute la population européenne de l'Egypte. Or oyez ce qu'on me mandait de ces parages, le 16 juillet :

« L'émigration continue, Ismaïlia regorge de monde : les bancs de l'hôtel Paris, la place Champollion, le tablier de l'appontement, les rues au besoin, servent d'abri à une foule de gens de toutes nations, de tous rangs de la société. Des beaux messieurs bien pommadés, des belles dames bien gantées trouvent l'hôtel de la Belle-Etoile un peu dur.

« La Compagnie a mis à la disposition des émigrants trois chalands-abris pour se rendre à Port-Saïd. Si vous voyiez la frénésie avec laquelle hommes, femmes, enfants se jettent là-dedans, vous en demeureriez stupéfait. Port-Saïd aussi est devenu une véritable fourmillière humaine. »

Là, ai-je tort, en disant que le courage était du côté des partants et non du côté des restants?

II

C'est ce que je voulais répondre au *Bosphore Egyptien* qui, dans son numéro du 29 juin, disait que dans huit jours il n'y aurait plus un seul Européen au Caire.

Hélas! de même que souvent il y a loin de la coupe aux lèvres, il y a eu loin du numéro du *Bosphore* du 29 juin à celui du 6 juillet qui devait le suivre; dans l'intervalle, le *Bosphore* est tombé sous les coups du bureau de la presse et il n'a pu enregistrer mon acte de *vaillance*. Au moins, que l'*Economista* le fasse connaître à ses lecteurs des deux-mondes!

Ce n'est pas que dès le 11 juin, date des massacres et des pillages d'Alexandrie, des vides successifs et marquants ne se soient produits dans la population européenne du Caire; mais le mobile de ces départs était plutôt la prudence que la panique, chat échaudé aignant l'eau froide. La panique! elle ne devait pas tarder à faire voir sa face blême et effarée ; et le 7 juillet, le Consulat de France se faisait son porte-voix en sonnant le tocsin aux oreilles de ses administrés. « Sauvez non pas la caisse, mais les *archives* (toujours et partout bureaucrates, les Français!), lui télégraphiait-on d'Alexandrie, et repliez-vous en toute hâte avec elles et avec vos nationaux sur Alexandrie, une attaque des Anglais étant attendue d'un moment à l'autre. »

En effet, on disait que l'amiral Seymour avait lancé itérativement son ultimatum, et que s'il n'y était pas satisfait dans les vingt-quatre heures, il mettrait le feu aux poudres ; et on sait que les amiraux anglais ne plaisantent pas avec leurs ultimatums.

Le cas de l'amiral Seymour me rappelle exactement celui d'un de ses devanciers dans la carrière navale.

C'était au commencement de la guerre pour l'affranchissement de la Grèce du joug ottoman. Avant d'engager les hostilités sur mer, l'amiral de Rigny, qui commandait la flotte française, eût une entrevue avec l'amiral turc. Elle dura deux heures, au bout desquelles ce dernier n'avait répondu ni oui ni non aux ouvertures qui lui étaient faites. L'amiral de Rigny, racontant son insuccès à l'amiral commandant la flotte anglaise, celui-ci lui dit :

— Eh, vous avez pris un excellent moyen pour arriver à ce résultat: s'amuser à parlementer pendant deux heures avec un Turc, on est sûr de ne rien obtenir. Si vous voulez bien m'accompagner auprès de notre *collègue* ottoman, vous verrez que je n'y mets pas tant de façons.

Arrivés chez le Capitan-Pacha, l'amiral anglais lui dit :

— Si demain matin à l'aube, votre flotte n'a pas pris le large, je la brûle.

Et ce fut tout.

Au retour, le fier insulaire, s'adressant à l'amiral de Rigny :

— Eh bien, que dites-vous de l'ultimatum ?

— Je dis qu'il est aussi clair qu'il est bref ; mais je vous ferai toutefois observer que le Turc ne vous a pas plus répondu qu'à moi.

— Pas n'est besoin de réponse ; c'est ce que, le cas échéant, nos canons apprendront au Turc, demain matin.

Et qui fut dit fut fait.

Cela s'appela et cela s'appelle encore la bataille de Navarin.

L'ultimatum du Consulat de France n'eût pas besoin de la sanction des canons, ce qui se comprend de reste quand c'est le capitaine, c'est-à-dire celui qui, en cas de naufrage, doit quitter son navire le dernier, qui crie le *sauve qui peut!* A ce sujet, j'ouvre une parenthèse.

J'ai lu dans des journaux d'Alexandrie, parlant des colons européens qui cherchaient un refuge sur les bâtiments en rade, des phrases comme celle-ci :

« Le Consul de tel pays, accompagné de son personnel, s'est rendu à bord de tel cuirassé, et il y a été suivi par ses nationaux. » J'aurais préféré : « Les Européens de tel pays se sont réfugiés sur tel cuirassé, et quand *tous* ont été en lieu de sûreté, leur consul les y a suivis. »

III

Je ne sais pas comment le bilan de la Société
Française de Secours et de Bienfaisance du Caire se
présentera à la prochaine assemblée générale. Le
président de cette Société, le digne et sympathique
M. Karcher, qui a été le Moïse de ce premier exode
des Français, a dû faire de larges et profondes trouées
à la caisse, pour subvenir aux frais de transport
des émigrants nécessiteux ; mais nul doute que la
Société ne lui accorde un bill d'indemnité, la charité
ne comptant pas avec l'argent.

Qui, non plus, n'a pas marchandé avec la bienfaisance ?

Le Comité Italien de secours, qui, sans attendre
l'heure extrême, et dès le chômage des ateliers et
des chantiers, s'était préoccupé des besoins des ouvriers sans travail, et qui sans attendre que ceux-ci

vinssent le solliciter. allait les visiter à domicile et leur donner aide et assistance. sans distinction de nationalité. Secondé par le gouvernement même du roi Humbert, qui lui fit parvenir une somme de 1,500 francs, le Comité Italien put ainsi subvenir à l'existence de ses protégés pendant les mauvais jours. L'*Economista* a publié les noms des zélés et dévoués coopérateurs de cette œuvre éminemment philanthropique et méritoire. Qu'il me soit permis de les répéter ici. Ce sont : MM. de La Bruyère, G.-B. Messedaglia, C. Carina, G. Carli, L. Massone, A. Fenili, A. Frascaroli, A. Damiani, A. Bacum.

Confus et tumultueux a été ce départ précipité des Français ; ça été le commencement des entassements dans les wagons, des arrêts interminables dans les gares intermédiaires. des privations de toute sorte, la consigne ayant été donnée de ne pas emporter de bagages. Ah ! que nos pauvres fuyards vont bientôt regretter les bons oignons et les bonnes lentilles d'Egypte ! Souhaitons-leur d'aborder à la terre promise et revenons au Caire.

J'y retrouve un noyau assez respectable non seulement de Français, mais de colons de toutes nationalités. Si, comme dans la fable, tous avaient été frappés, tous n'étaient pas partis. Voici d'abord M. Pierre, le *saqah* en chef de la ville du Caire, avec sa *gherbah*-monstre sur le dos, à laquelle il avait promis de rester fidèle, quoi qu'il dût arriver. Il n'y a point failli. Le feu ne pouvait pas demeurer en reste avec l'eau ; M. Bijard l'a bien prouvé, et jamais le Caire n'avait vu un allumeur de reverbères aussi vaillant que l'aimable et excellent directeur du gaz. Ni lui, ni M. Pierre n'ont besoin d'être stimulés dans leur besogne (1), et le brave M. Baraize, ingénieur du gouvernement, chargé de veiller aux besoins de la ville, en eau et en luminaire, ne peut que constater la marche régulière de ces deux services, auxquels il prête nuit et jour une surveillance des plus actives, pour sauver d'une destruction éventuelle et redoutée les conduites d'eau et de gaz. Il y a réussi, à son honneur. M. Baraize n'est d'ailleurs pas un novice en fait de *sauvetages;* certains naufragés d'une barque qui chavira sur le Nil, il y a quelques mois, en savent quelque chose, pour les avoir arrachés à une mort certaine.

— Salut à vous aussi, cher maître (je parle à M. Chausson, une notabilité du barreau du Caire), qui, tous les jours, allez stoïquement, seul, sans hallebardes protectrices, donner votre leçon de droit à l'école de Darb-el-Gamamiz, en plein quartier arabe.

(1) MM. Pierre et Bijard viennent d'être nommés Chevaliers de la Légion d'honneur, en récompense de leur dévouement.

Le droit! quand le glaive est à la veille de sortir du fourreau !

J'ai déjà dit que Thémis était demeurée dans le veuvage ; Esculape aussi a failli perdre ses disciples. Il fallait bien que les médecins suivissent leurs clients... Je rencontre cependant le docteur Pietri, un des derniers arrivés, qui, paraît-il, tient à gagner ses éperons, en restant à la disposition des malades de sa cité d'adoption. De même, le docteur Sonsino n'a point quitté son service de l'hôpital européen, sans préjudice de ses visites en ville. Cette pénurie de docteurs n'a précisément pas été une grande privation pour moi. Je suis un peu de l'école de Molière, qui, lorsque Louis XIV lui demanda s'il était content de son médecin, répondit :

« Sire, nous causons ensemble, il m'ordonne des remèdes ; je ne les fais point, et je guéris... »

Je ne connais pas l'opinion des chevaux en matière de thérapeutique ; mais ceux qui sont malades et qui ont la foi peuvent être rassurés, je vois là M. Jalabert, l'artiste vétérinaire, qui jure par Bucéphale de ne pas les abandonner, dût-il, en cas de trépas, suivre leur convoi jusque chez l'équarrisseur...

Ces intéressantes bêtes ne risqueront pas non plus d'aller toutes nues ! M. Tatry, un maître sellierbourrelier qui sait son métier, restera au Caire tout exprès pour les habiller sur mesure.

Le lendemain, 8 juillet, sur deux réveils-matin qui tintaient à mes oreilles, un seul se fait entendre : le croassement d'une escouade de corbeaux qui perchent dans mon voisinage ; l'autre, la cloche de l'*angelus* de l'église de Terre-Sainte, reste muet.

Est-ce que la panique aurait également gagné les RR. PP. Franciscains ? Quant aux corbeaux, qui sont réputés pour des oiseaux peureux, s'ils avaient besoin d'une réhabilitation la voici : je suis certain que, comme M. Pierre, ils n'abandonneront pas leur arbre, quoi qu'il arrive.

IV

Branle-bas de combat sur toute la ligne. Dès l'aube,
je vois passer sous mes fenêtres des files de voitures,
de charrettes, de camions, chargés de malles, de
ballots, de paquets, dont les propriétaires, de toutes
nationalités, suivent à pied avec leurs familles,
chacun portant à la main quelque menu bagage.
Les moutons de Panurge sautent, et c'est à qui
arrivera au chemin de fer le premier.

En descendant le Mouski, je compte de nouvelles
fermetures de magasins. Plus un seul bijoutier
d'ouvert; ils avaient d'ailleurs détalé depuis plusieurs
jours déjà. Les bijoutiers sont comme les rois, qui
dans les fêtes et les cérémonies, se retirent toujours
les premiers. Et de fait, les bijoutiers ne sont-ils pas
les rois des marchands, et Bilboquet n'a-t-il pas dit:
« Sauvons la caisse » ?

Une exception pourtant. Un horloger, M. Karpinsky, n'a pas fermé boutique et n'a pas fait disparaître une seule montre de sa devanture ; et lui-même est resté assis tranquillement à son établi pendant toute la durée de la crise. Le nom de cet intrépide mérite de passer à la postérité.

Par contre, où la confiance parait être moindre, c'est sur le chantier de construction de MM. Camoin, qui aménagent dans le Mouski une grande maison pour de nouveaux magasins. Tant que je voyais les ouvriers à leur poste, je me disais : la situation n'a rien d'inquiétant, car lorsque le bâtiment va, tout va. Aujourd'hui le chantier est désert ; le bâtiment ne va plus, ce qui fait dire aux pessimistes, comme à la roulette : « Rien ne va plus » !

En poussant plus loin, je vois que Paschal lui-même, le grand Paschal, a mis un voile de bois sur ses nombreux et riches étalages. Que vont devenir les quelques belles dames restées fidèles à la fortune du Caire? Elles en seront réduites à se vêtir d'un cilice.

En revanche, le café de la Bourse semble avoir été pris d'un remords de conscience ; il a rouvert ses portes, que la venette lui avait fait fermer précipitamment la veille. La *bonne société* européenne dont feu Passe se flattait d'être l'hôte, est là, sans trop de vides, et on ne se compte pas encore. Je remarque notamment un groupe de Français qui pérorent assez bruyamment sur le départ de leur consul qui, en se repliant sur Alexandrie, n'a pas même songé à laisser derrière lui le moindre représentant pour les *protéger*.

Singulier contraste : les Français qui se piquent d'être quelque peu révolutionnaires et grands républicains, sont les gens qui peuvent le moins se passer de *l'autorité*. Chez eux, comme à l'étranger, il leur faut une autorité quelconque, ne fût-ce que pour en dire du mal ; et Dieu sait si en Egypte les Français se privent de dire du mal de leurs consuls ! Mais dès qu'ils n'en ont plus, ils en veulent encore.

Du reste, ou je me trompe fort, ces beaux parleurs ne posent que pour le *torse,* ce qu'on verra avant qu'il ne soit deux fois quarante-huit heures, où la plupart d'entre eux disparaîtront de la scène, pour aller chercher un consul plus loin.

M. Karcher, leur député au Caire, va leur en faciliter les moyens. Soucieux de la sécurité de ses compatriotes, il veut les *sauver* tous, et à cet effet il fait un appel aux retardataires, pour les conduire à Ismaïlia et à Port-Saïd, où, Dieu merci, il y a encore des consuls....

Ce second exode va sans doute produire de nouvelles et nombreuses éclaircies parmi les casaniers jusqu'à présent demeurés hésitants et irrésolus (la panique finit toujours par faire son effet) ; mais je n'en serai pas encore à chanter :

Et s'il n'en reste qu'un, je serai celui-là.

V

Le train d'Ismaïlia est parti, et il arrivera à destination quand il pourra. Ce qui arrive avec une précision beaucoup plus mathématique, c'est le bombardement d'Alexandrie. A peine le télégraphe en a-t-il apporté la nouvelle au Caire, qu'une femme arabe à mon service accourt toute effarée, levant les bras en l'air et poussant des *you you* d'enterrement. Elle me raconte en frémissant la grande *chamata* d'Alexandrie, et elle m'engage vivement à ne pas sortir de chez moi, au moins de toute la journée. Je ne tiens pas compte de l'avis (ne m'a-t-on pas décerné un brevet de courage ?...), pensant qu'un éclat des projectiles de Sir Beauchamp Seymour ne viendra pas s'égarer au Caire, juste à point pour me tomber sur la tête.

En effet, en suivant mon itinéraire habituel, je ne constate d'autre changement que de nouvelles fermetures de magasins, les dernières sans doute, car en y regardant de près, je vois qu'il ne reste plus rien à fermer, ou peu s'en faut. Seules quelques boutiques de *tarbouchiers* et de fruitiers tiennent encore leurs portes ouvertes. Ces deux commerces sont exclusivement exercés par des indigènes, et le premier ne tardera pas à faire de bonnes affaires.

Je remarque que la plupart des fermeurs de boutiques ne s'en sont pas tenus aux moyens ordinaires; des contreforts supplémentaires en fer ou en bois sont solidement assujétis aux volets. Les peureux ! ils ne savent donc pas, qu'en cas de pillage, les clôtures les plus solides ne pèsent pas plus qu'une plume dans un ouragan.

Précautions inutiles, du reste, que ces travaux de défense; tout sera respecté et il n'y a que quelques partants qui ont confié la garde et la surveillance de leurs propriétés à des *amis* ou à des serviteurs, qui, à leur retour, se plaindront d'avoir été victimes de vols et de détournements. On n'est jamais trahi que par les siens. J'en suis moi-même un exemple; la femme arabe dont je viens de parler et qui, le jour du bombardement, avait pris tant de souci de ma sécurité, trouva bon, dans les premiers jours du Ramadan, de disparaître de chez moi, après m'avoir allégé de quelques hardes et d'un peu d'argent. Je fis dans la circonstance ce que tout homme bien avisé doit faire : je ne portai point plainte.

Second Richelieu, je me contente désormais de la compagnie d'une demi-douzaine de chats qui, s'ils ne font pas mon lit, ne me volent qu'au plat, quand je ne les ai pas à l'œil.

En arrivant sur l'Ezbékieh, je suis témoin, cette fois, non plus d'une fuite d'Egypte, mais d'une fuite en Egypte même. Ce sont des fellahs et des bédouins des environs d'Alexandrie, que le bruit plutôt que l'effet des bombes a chassés de chez eux et qui viennent chercher un refuge au Caire. Hommes, femmes et enfants réalisent l'*omnia mecum porto* de Bias, et pas n'est besoin de voitures pour charrier leurs bagages. Dire que ces braves gens ont des mines absolument rassurantes, serait certainement leur faire injure; mais cela ne tire pas à autre conséquence : quand on est préoccupé de sa sûreté personnelle, on ne songe guère à porter atteinte à celle des autres.

Je trouve le Café de la Bourse fermé de nouveau, et à en juger par un certain luxe de contreforts, ce ne sera pas pour rouvrir demain. Il est remplacé tant bien que mal par la *Burette française*, sur l'autre face de l'Ezbekieh, qui deviendra désormais le lieu de rendez-vous, le cercle, le club des Européens. Cet établissement est tenu par Mme Chiaramonti,

une *femme forte*, qui, nouvelle Vésuvienne, promet
de rester au port d'armes comme les plus vaillants
du sexe laid. Que dis-je! Mme Chiaramonti est
presqu'une *consulesse*; le consul d'Espagne a quitté
le Caire, et la préfecture de police, qui sait, par les
Brigands, que

> Y a des gens qui se disent Espagnols,
> Et qui ne sont pas du tout Espagnols,

l'a déléguée, en vue d'éviter toute méprise, pour
contre-signer les bons de secours délivrés aux
Espagnols nécessiteux. Confiance bien placée, car
Mme Chiaramonti, qui connait les Espagnols, pour
être une fille de la patrie des hidalgos, ne donne
son visa qu'à bon escient.

Quel triomphe pour Mlle Hubertine Auclerc, de
voir que, même en ce pays musulman où le rôle de
la femme est si effacé, une personne de son sexe est
investie d'une fonction publique!..

VI

Pour le coup, les Européens commencent à se compter et à serrer les rangs.

Tous sont devenus *rayas*, de fait sinon de consentement, en dépit des grenouilles qui demandaient.... un consul ; et chacun d'arborer le signe distinctif de l'emploi. Casques indiens et chinois, chapeaux à l'européenne, casquettes, sont déposés au garde-meuble, et les boutiques des tarbouchiers sont mises à contribution. Que nous sommes beaux, le chef scellé du cachet rouge !

D'aucuns voudraient aller plus loin ; ils font courir le bruit que S. E. le préfet de police avait demandé la liste de tous les Européens restés au Caire, avec noms, professions et demeures. Le bureau d'inscription est à cette même Buvette française, où, un beau matin, on me présente le rouleau fatidique. Je le considère avec une certaine défiance et je dis comme le rat :

Ce bloc enfariné ne me dit rien qui vaille.

— C'est donc une *souricière* ici, ajoutai-je, que la police prétend nous y prendre dans ses filets. Dans quel but? Pour nous garder comme ôtages, peut-être. Serviteur, je refuse ma signature.

D'autres, croyant à la justesse de mon observation, retirent la leur.

Je dois confesser tout de suite que mon observation n'était pas juste et que ma crainte était chimérique.

Le Préfet de police, S. E. Ibrahim Bey Fauzi, est un galant homme, qui loin de nourrir à notre endroit des desseins hostiles, fera, au contraire, faire bonne garde autour de nous. De jour comme de nuit, de nombreuses patrouilles sillonnent les rues de la ville et veillent à notre sécurité. Je n'aime généralement pas à être dérangé dans mon sommeil ; mais j'avoue que dans la nuit, le cris des *gafirs :* « Sentinelles, prenez garde à vous! » et le pas cadencé des soldats de patrouille qui passent sous mes fenêtres, me causent un réveil assez agréable. Quelques-uns de ces braves portent le fusil en bandouillière, et je m'imagine qu'il y a des *prunes* dans ces tubes qui reluisent à la lune. Les coupeurs de bourses et les coupeurs de jarrets n'auraient pas beau jeu avec eux.

J'ai, de plus, un gardien *officieux*, M. Luca Massone, mon voisin de rue, — une rue dont nous sommes restés les deux seuls habitants pendant toute la durée du blocus. M. Massone est un Italien qui n'a pas froid aux yeux et qui vendrait chèrement sa peau, si quelqu'un s'avisait de vouloir la trouer. Il ne me laisserait pas égorger impunément non plus. Grâce à la vigilance de S. E. le préfet de police, nous n'avons eu heureusement, à nous défendre contre aucune attaque dans notre désert.

Ce ne sont pas là les seuls titres d'Ibrahim Bey Fauzi à la reconnaissance des Européens. L'hôpital européen, qui a vu partir la plupart de ses soutiens et de ses bienfaiteurs ordinaires, est sur le point de manquer de ressources. Le docteur Sonsino, médecin de l'établissement, et M. de La Bruyère, président du Comité Italien, font connaître cette situation au préfet de police, et ce digne fonctionnaire s'empresse de mettre à leur disposition une somme de 100 livres égyptiennes, refusant, avec une délicatesse qui l'honore, le reçu qu'ils veulent lui en donner.

Voilà pour les malades; les bien portants ne sont pas oubliés non plus. Par un avis rendu public, Son Excellence les fait prévenir que ceux d'entre eux qui se trouveraient dans le besoin trouveront secours et assistance à la préfecture de police; et j'en connais plus d'un qui, profitant de cette offre généreuse, n'est pas revenu les mains vides de la Zaptieh.

Ibrahim Bey Fauzi a bien mérité des Européens restés au Caire.

VII

Tout est fermé, jusqu'aux restaurants grecs et italiens qui pullulaient dans la ville; et ceux qui ont faim et soif, à moins qu'ils n'aient les moyens de faire la *pot-bouille* chez eux — pour parler comme M. Zola, — sont obligés de prendre place aux tables des cabarets et des buvettes qui se sont installés en plein vent au coin des rues. Les fumeurs sont logés à la même enseigne. Les *mercantis* qui tiennent ces échopes rendent assurément des services; mais il ne faut pas trop leur en vouloir, ils y trouvent largement leur compte, faisant, en gens bien avisés, passer le bien de leur bourse avant le bien de leur prochain.

Les marchands du bazar, quoique payant loyer et patente, sont plus accommodants; et Dubois, le seul épicier (pardon, négociant en denrées coloniales) qui, avec Theodossio, du Mouski, est resté ouvert, se ferait un scrupule d'exploiter la situation. En arri-

5

vant devant son magasin, on se croirait revenu au temps patriarcal où la reine Berthe filait : Mme Dubois est occupée, sans peur et sans reproche, à faire du crochet sur le pas de sa porte, tout en surveillant le service de la clientèle.

Sur ces entrefaites, M. Karcher — un obstiné dans le dévouement, — tend une dernière planche de salut à ses compatriotes, en organisant à leur intention un train spécial pour Ismaïlia. Mais cet appel *in extremis* n'est guère écouté ; comme a dit La Fontaine, nous avons fini par nous « accoutumer » à notre situation.

Aussi bien la confiance semble renaître un peu : dans la seconde quinzaine du Ramadan, Paschal et son émule Rizzo rouvrent leurs magasins, avec des étalages un peu discrets, à la vérité. Cela se comprend, il ne faut pas tout risquer sur un coup d'essai.

Romand, le propriétaire de l'Hôtel Royal, rouvre également à deux battants, et il ne se repentira pas de son audace lorsque les Anglais seront arrivés. Il n'y a pas jusqu'à la cloche de l'église de Terre-Sainte qui ne se réveille aussi, quoique avec des tintements un peu timides, pour commencer. Enfin, autre symptôme : d'énormes tas de pierres s'élèvent aux alentours de l'Ezbékieh. A première vue, on pourrait craindre que ce ne soit pour faire des barricades; il n'en est rien, un gigantesque compresseur, instrument de paix, va broyer ces beaux cailloux sur la place et le long des rues avoisinantes, pour les ferrer. Jamais l'édilité cairote ne s'était montrée aussi soucieuse du bon entretien de la voie publique.

Il reste pourtant un petit *point noir* à l'horizon : la chasse est ouverte ; mais les disciples de Saint-Hubert n'osent pas s'aventurer en rase campagne, avec le fusil sur l'épaule. Ce n'est que partie remise, et le gibier n'en sera que plus abondant l'année prochaine, ou à l'arrière-saison, s'il plaît à Dieu.

VIII

La confiance renait, pourquoi un peu de plaisir
ne viendrait-il pas à sa suite? Je demande à un
compagnon de blocus, M. de Marans, pianiste et
compositeur de talent, s'il ne serait pas disposé à
nous tapoter quelques quadrilles, valses et polkas,
pour offrir une petite sauterie à nos courageuses
amazones, qui doivent commencer à s'ennuyer un
peu — sauterie dont la pétulante Mme S..... serait
le boute-en-train. Si quelqu'une de ces dames se
trouvait en peine d'une fleur ou d'un ruban,
Mme Bringolff, dont les assortiments de modes n'ont
pas cessé de briller sur le boulevard Clot-Bey, est là
pour les servir. Les cavaliers pourront, en cas de
besoin, recourir aux ciseaux et aux aiguilles de
Capua, le tailleur italien, dont la *sartoria* restée

toute grande ouverte fait honte aux portes closes des magasins voisins. Enfin, rien ne nous empêchera d'offrir des bouquets à nos danseuses, Mme Avond, la fleuriste à la mode, ayant laissé la garde de ses roses et de ses œillets à son frère, homme entendu dans l'art de composer un joli bouquet.

— Ta, ta, ta, me répond M. de Marans, en hochant la tête, voilà bien des choses; mais vous paraissez oublier l'essentielle — le fait dominant, — c'est qu'à cette heure la virtuosité est aux chassepots et aux krupps, et qu'il convient de remettre le piano à des temps meilleurs.

Hélas ! ces temps meilleurs ne devaient pas venir pour lui, comme je le dirai bientôt.

Mais le piano et les violons ne perdent pas leurs droits partout : un écho sonore et joyeux nous arrive d'Ismaïlia — Ismaïlia qui, pour rappeler le mot de M. de Salvandy, a *dansé sur un volcan*, le 19 août.

La villa des eaux, dont M. et Mme Poilpré sont les aimables châtelains s'était parée de ses atours les plus verdoyants et les plus fleuris, et avait allumé ses feux les plus brillants. M. Poilpré qui, depuis quelque vingt ans, est toujours sorti victorieux des maladies, des médecins et des drogues, dont l'artillerie, combinée ou non, aurait tué tout autre que lui, M. Poilpré n'a jamais pu triompher des violons, dont il est resté l'esclave soumis.

Cette fois, les violons donnaient en l'honneur du commandant de la frégate espagnole *Carmen* et du commandant de la corvette autrichienne *Albatross*, mouillées dans le lac Timsah. On m'a rapporté que ces deux marins en avaient préalablement référé à leurs gouvernements, par le télégraphe, pour savoir si, en raison des événements, ils pouvaient descendre à terre. Le roi Alphonse et l'empereur François-Joseph n'ont pas peur, et les deux majestés ont répondu aussitôt : « Dansez ! »

Et on a dansé avec entrain et gaité, oubliant les événements dans le tourbillon de la valse et de la polka. Il va sans dire que M. de Lesseps était de la fête, le toujours jeune président semblant, comme chaque fois qu'il vient visiter son canal, tout frais sorti de la fontaine de Jouvence.

A minuit, les deux commandants regagnent leur bord (la prudence n'abandonne jamais les gens de mer, même au sein de plaisirs); mais les fervents de Terpsychore se trémoussent jusque passé deux heures du matin, lorsque, soudain, un instrument qui jusqu'alors ne s'était pas fait entendre dans l'orchestre, demande la parole.

Boum !

— Un coup de grosse caisse ?

— Non, un coup de canon, l'avant-garde de messieurs les Anglais....

Ce n'est donc pas au figuré qu'Ismaïlia venait de danser sur un volcan ; le volcan faisait bel et bien éruption sous les pieds des danseurs.

IX

A partir de ce moment, les événements se déroulent pour nous dans une inquiétante obscurité. Depuis longtemps nous étions privés de toutes communications avec Alexandrie, le chemin de fer ayant été coupé à Kafr-el-Daouar, après le bombardement; mais il nous restait la ligne de Suez et de Port-Saïd, et nous savions encore quelque chose, si peu que cela fût, en dépit de quelques indiscrétions du *cabinet noir* (à la guerre, comme à la guerre!). Aujourd'hui que cette ligne est fermée, à son tour, nous ne savons plus rien : le blocus est complet.

Les imaginations s'agitent dans le vide, et Dieu sait ce qu'elles enfantent! des batailles homériques et gigantesques où des milliers de combattants mordent la poussière! La légende des deux rats qui s'étant pris de querelle, s'entre-dévorèrent avec un tel acharnement que chacun d'eux ne laissa que sa queue sur le champ de carnage, cette légende n'est rien en comparaison

des tueries que racontent nos reporters *in partibus.*
L'effectif des deux armées serait du double, qu'il ne
suffirait pas à former la moitié seulement des soldats
qu'ils font tomber sous le fer et le feu.

Ce qui, malheureusement, ne se passe pas dans le
pays des chimères, c'est la fin tragique du pauvre
M. de Marans que, le matin du 26 août, on trouve
égorgé dans sa chambre. Les assassins, pour donner
le change sur le genre de mort de leur victime,
avaient mis le feu à son lit; mais les flammes n'eurent
pas le temps de se faire les complices du crime. On
dit bien, ou plutôt on a cherché à faire croire que le
vol avait été le seul mobile de ce sanglant attentat;
mais cette assertion est restée d'autant moins prou-
vée, qu'il était notoire que M. de Marans qui, il est
vrai, possédait (dans un autre local) un magasin
d'instruments de musique, mais improductif dans ce
moment, ne se trouvait pas en fonds. Si le très
obligeant M. Bijard voulait parler, il pourrait le
dire mieux que personne.

Un fait d'une signification beaucoup moins dou-
teuse, est l'entreprise dirigée contre la statue
d'Ibrahim Pacha. Alexandrie avait déjà eu le pétrole,
le Caire va avoir le *déboulonnement* de la colonne
Vendôme.

Dans les premiers jours de septembre, je vois des échafaudages s'élever autour du monument, et je me doute bien un peu que ce n'est pas pour le restaurer. En effet, le glorieux aïeul du Khédive, le vainqueur de Nezib, ne tarde pas à tomber sous les coups des iconoclastes. Je craignais d'abord qu'on ne le mît en pièces pour une fonte de canons ; mais, par un reste de respect, les démolisseurs se bornèrent à transporter la statue dans une cave du musée de Boulaq. Elle pourra donc être relevée, sauf à porter les frais de ce travail sur le compte du Courbet cairote qui aura été l'instigateur du *déboulonnement.*

Ce n'est pas tout : un journal arabe profère ouvertement des menaces contre les chrétiens.

Une sourde agitation règne dans la ville ; on commence à être inquiet (ô courage ! où es-tu ?..) et les Européens sont heureux de se retrouver tous les matins à leur lieu de rendez-vous, avec leurs membres au complet. Mme Chiaramonti, la *femme forte*, cherche à rassurer son monde ; mais je crois bien que ce n'est que du bout des lèvres.

X

Que va-t-il arriver? Il arrive qu'au moment où l'on s'y attendait le moins — le 15 septembre, — les troupes de Sa Majesté Britannique font leur entrée au Caire, je ne dirai pas sans tambour ni trompette, mais sans coup férir, leur commandant n'ayant que la peine de prendre sur le plateau traditionnel les clefs de la citadelle. Un *dissident* avait cherché à couper la route à nos *sauveurs*, en brûlant un ponceau en bois du chemin de fer ; mais M. Pitet, l'habile ingénieur de l'administration des chemins de fer, eût bientôt fait de remettre les choses en état.

L'autorité du Khédive est rétablie, et nous cessons d'être rayas. Le casque indien reprend ses droits sous le protectorat de l'armée victorieuse, qui avait adopté cette coiffure pour faire sa campagne.

Le dimanche suivant, à l'issue de la messe paroissiale, le Révérend Père Placide, curé latin du Caire, chante un *Te Deum* d'actions de grâces ; et cette fois, les cloches sonnent à toute volée. Parmi les assistants, on remarque un grand nombre de soldat anglais du rite catholique (des Irlandais, probablement). Leur brave général en chef, qui est de la religion anglicane, n'est pas à leur tête; mais cela n'empêche pas Sir Garnet Wolseley de remercier le Père Placide de son attention.

De leur côté, les journaux reprennent la parole, et le *Moniteur Egyptien* qui avait cessé de paraître au Caire, depuis le 7 juillet, nous vient le premier d'Alexandrie. Il porte la marque de Mourès, le doyen et le maître des imprimeurs européens en Égypte, dont les presses, ainsi qu'il convenait à leur rôle de *vieille garde*, étaient vaillamment restées sur la brèche.

Dès le lendemain de l'arrivée des habits rouges, les *boya* et les bourriquiers — de vrais singes — adoptent le salut militaire en usage dans les armées européennes, en touchant leur tarbouche, la paume de la main en dehors et en laissant ensuite retomber la main dans le *rang*, suivant l'expression technique. Gageons que ces petits garnements sauront l'anglais avant les *grandes personnes*.

A la vérité, certains liquoristes affichent en langue anglaise et en gros caractères leurs produits incandescents, pour solliciter les gosiers britanniques qui ne craignent pas le feu du trois-six ; mais c'est quelque traducteur à gages et déjà exercé qui a fait la besogne.

Je ne sais pas pourquoi un imprimeur français s'était mis en frais du même procédé, en annonçant, dans l'*Egyptian Gazette*, aux sujets du Royaume-Uni, sa rentrée triomphale au Caire, pour y faire tout ce qui concernait son état ; car

Je n'ai fait que passer, il n'était déjà plus...

Mais en voici d'une autre : dès ce même lendemain aussi , toutes denrées alimentaires renchérissent notablement au bazar ; et, au rebours de ce qu'on devait raisonnablement attendre, aujourd'hui que les communications sont rétablies sur toutes les lignes et que des arrivages de toute sorte vont affluer sur la place, la vie est plus chère que lorsque nous en étions réduits à nos seules ressources locales. Les marchands de viande et autres victuailles en donnent pour raison que les fils d'Albion ont bon appétit et qu'ils paient bien.

Qu'on nous rende le blocus !...

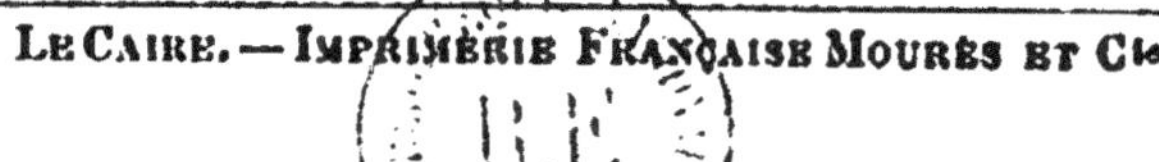

Le Caire. — Imprimerie Française Moures et Cie